JESPER JUUL

Wem gehören unsere Kinder?

DER AUTOR

Jesper Juul, 1948 in Dänemark geboren, ist Lehrer, Gruppen- und Familientherapeut, Konfliktberater und Buchautor. Er war bis 2004 Leiter des »Kempler Institute of Scandinavia«, das er 1979 gründete. Mit 16 Jahren fuhr er zur See, jobbte später als Bauarbeiter, Tellerwäscher und Barkeeper. 1972 schloss er sein Studium der Geschichte, Religionspädagogik und europäischen Geistesgeschichte ab. Statt die Lehrerlaufbahn einzuschlagen, nahm er eine Stelle als Heimerzieher und später als Sozialarbeiter an und bildete sich in Holland und den USA bei Walter Kempler zum Familientherapeuten weiter. Seit Anfang der 1990er-Jahre arbeitet er in Kroatien mit Flüchtlingsfamilien. Er lebt abwechselnd in Kroatien und in Dänemark. Heute leitet er das familylab, das mit Elternkursen und Schulungen in Deutschland, Österreich, der Schweiz und acht weiteren Ländern aktiv ist. Seine Bücher wurden in viele Sprachen übersetzt.

JESPER JUUL

Wem gehören unsere Kinder?

Dem Staat, den Eltern oder sich selbst?

Ins Deutsche übersetzt von Kerstin Schöps

BELTZ

Kinder im »Staatsbesitz«?

In den vergangenen dreißig Jahren ist die Zahl der Krippen für Kinder im Alter zwischen einem und drei Jahren rasant angestiegen. Allerdings unterscheiden sich von Land zu Land die absoluten Zahlen sowie die Qualität der Betreuungseinrichtungen erheblich.

Um es gleich vorab zu sagen: Kinderkrippen wurden geschaffen, um die Bedürfnisse von Familien zu erfüllen, in denen beide Elternteile arbeiten wollen oder müssen, und sie dienen zugleich dem wachsenden Bedarf der Gesellschaft und der Wirtschaft an Erwerbstätigen. Sie wurden *nicht* eingerichtet, um die Bedürfnisse der Kinder zu erfüllen. Dennoch ist es vielen Ländern gelungen, die Qualität dieser Institutionen so weiterzuentwickeln, dass sie den Entwicklungsbedürfnissen der Kinder Rechnung tragen. Man sollte auch nicht vergessen, dass etwa zehn Prozent aller Kinder, die Krippen und Kindergärten besuchen, von diesen Institutionen allein deshalb profitieren – und vielleicht auch eine etwas glücklichere Kindheit haben –, weil ihnen auf diese Weise ermöglicht wird, bis zu zehn Stunden unter der Woche von ihren dysfunktionalen Familien getrennt zu sein.

Politisches Ziel der EU und anderer politischer Organisationen wie etwa der OECD ist es heute, so viele Kinder im Alter von 1 bis 6 Jahren wie möglich in Tageseinrichtungen unterzubringen, was für mich eher einer Zwangsmaßnahme gleichkommt und mit demokratischen Gepflogenheiten nichts zu tun hat. Die Argumentation ist eindeutig, die Absicht leicht zu durchschauen: Es geht um das politische Interesse des jeweiligen Landes, ökonomisch mit anderen Ländern Schritt zu halten und konkurrieren zu können. Weshalb es notwendig ist, dass Eltern bereits kurze Zeit nach der Geburt wieder produktiv arbeiten können und wir deshalb die Kinderbetreuung am besten gleich in eine fünfjährige Vorschulzeit umwandeln. Das erinnert sehr an die Zeit der frühen Industrialisierung, als die Fabrikbesitzer von einer direkten Verknüpfung zwischen Mensch und Maschine geträumt haben. Kinder werden zu Investitionsobjekten, und wie bei jeder beliebigen Investition muss auch diese für den Investor profitabel sein! Die »Empfehlungen« der EU sind natürlich schöner verpackt und präsentieren sich in einer ganz anderen Sprache, aber die Zielvorgabe ist glasklar.

Das wirft eine wichtige Frage auf: Gehören die Kinder dem Staat oder ihren Eltern? Natürlich gehören sie niemandem, nur sich selbst, aber wen interessiert das schon! Es bleibt abzuwarten, ob es den Politikern gelingt, die Eltern davon zu überzeugen, sich diesem Industrialisierungsmodell anzupassen. Unsere historischen Erfahrungen mit Kindern in »Staatsbesitz«, die in ideologisch fundierten, pädagogisch konformen Tageseinrichtungen großgezogen wurden, sind nicht gerade vielversprechend – um nicht zu sagen beängstigend. Wie zum Beispiel die Einrichtungen in der ehemaligen Sowjetunion, der DDR oder das Konzept der israelischen Kibbuzim.

Bei den Eltern sind, vereinfacht ausgedrückt, zwei unterschiedliche und im Gegensatz zueinander stehende Lebenseinstellungen vorherrschend. Da sind die einen, die sich darauf konzentrieren, dass es ihren Kindern einfach gut geht, am besten ein ganzes Leben lang, während die anderen von der Möglichkeit schwärmen, sich ihre Kinder nach Geschlecht, ethnischer Reinheit, Intelligenz, Körperbau, Augenfarbe usw. entwerfen zu können. Für sie zählt nur der zukünftige ökonomische und soziale Erfolg ihrer Kinder. Wer interessiert sich schon für Vielfalt und wen kümmern die Verlierer! Das sind die beiden Gegenpole, und dazwischen tummeln sich viele andere Lebensentwürfe, die in die eine oder die andere Richtung tendieren.

Eigentlich müssten sich die politisch Verantwortlichen angesichts dieser Situation mit den dahinterstehenden ethischen Fragen konfrontiert sehen und sie in der Öffentlichkeit entsprechend breit diskutieren. Aber bisher geht es ihnen lediglich um Geld und Bildung. Die ethisch relevanten Themen überlassen sie lieber den Eltern und Erzieherinnen, die im Moment wohl als Einzige gewillt sind, für die Kinder Partei zu ergreifen und ihnen eine Stimme zu geben.

In Dänemark hat die konservative Vorgängerregierung eine Kommission ins Leben gerufen, eine sogenannte »Task-

Force«; ein Ausdruck, der schon einiges darüber verrät, worum es gehen soll. Diese »Task-Force« sollte der Regierung Empfehlungen über die zukünftigen Ziele und pädagogischen Inhalte von Kinderkrippen und Kindergärten aussprechen. Den Vorsitz erhielt ein Pädagogikprofessor – eine weitere ganz interessante und auch bezeichnende Entscheidung – und im Mai 2012 veröffentlichte diese Kommission schließlich ihre Ergebnisse. Ihr Fazit ist deckungsgleich mit dem politischen Ziel, Betreuung in Bildung umzuwandeln. Unsere derzeitige Ministerin für Kinder und Bildung Christine Antorini hat versucht, den Unmut der Öffentlichkeit mit der folgenden, vielsagenden Äußerung zu beschwichtigen: »Betreuung und Bildung widersprechen sich doch gar nicht!« Vielleicht hat sie damit sogar recht, aber bisher ging unser Bildungssystem jedenfalls nicht von dieser eindeutigen Gleichstellung aus, ganz im Gegenteil! Und überhaupt: Um ihre Worte wahr werden zu lassen, müssten zunächst einmal die pädagogischen Ziele und Prinzipien einer Generalüberholung unterzogen werden.

Nahezu alle führenden Wissenschaftler Dänemarks, ob Entwicklungspsychologen, Sozialpsychologen oder Neurowissenschaftler haben gegen die Empfehlungen der sogenannten »Task-Force« Einspruch erhoben. Doch wie viele europäische Regierungen, ganz unabhängig von ihrer politischen Ausrichtung, steht auch unsere mit dem Rücken zur Wand. Unter dem Druck der Märkte versucht sie verzweifelt, unsere Volkswirtschaft mit den gleichen Mitteln zu retten, die auch zu deren Kollaps geführt haben. Darum wird sie die Vorschläge der Task-Force mit Freude in die Tat umsetzen wollen, und in einer Zeit, in der sich die meisten Menschen in erster Linie um ihr privates wirtschaftliches Wohlergehen sorgen, wird sie dabei auf nur wenig Gegenwehr treffen.

Auch in Deutschland, Österreich, in der Schweiz oder in Großbritannien verlangt die derzeitige politische und ökonomische Situation nach großen Entscheidungen. Zum einen auf politischer Ebene, aber auch innerhalb jeder Familie, die Kinder hat oder welche bekommen will, stellt sich die Frage, wie man am besten mit der gegenwärtigen Situation umgeht. Krippe ja oder nein? Staatliche Kinderbetreuung? Oder die Kinder bis zum Schuleintritt, zumindest bis zu drei Jahren, zu Hause erziehen?

Ich werde oft von Eltern und den Medien gebeten, meinerseits eine Empfehlung auszusprechen, was das Beste für die Kinder ist. Aber ich weigere mich, das zu tun, und zwar nicht aus Political Correctness oder weil ich Angst vor Ärger habe. Zwei gute Gründe kann ich dafür anführen. Zum einen lassen sich die Interessen der Eltern und ihrer Kinder nicht voneinander trennen, und zum anderen will ich keine Munition liefern, die dann von den einen Eltern gegen die anderen eingesetzt wird.

Ein amerikanischer Radiomoderator hat einmal einen der berühmten Marx-Brüder interviewt und fragte Groucho Marx nach seiner Haltung zu Sex. Nach einem kurzen Moment des Schweigens antwortete dieser: »Ich glaube, da gibt es kein Zurück mehr.« Dasselbe könnte ich über die Kindertagesstätten sagen. Und könnte noch die Ganztagsschulen hinzufügen, deren Zahl im Laufe des nächsten Jahrzehnts zunehmen wird, weil sie den Bedürfnissen der Eltern entgegenkommen und, aufs Ganze gesehen, dem Staat und der Gesellschaft weniger teuer kommen. Dann wird es uns erfolgreich gelungen sein, für die Alten, die Kinder und die Jugendlichen eigene Reservate angelegt zu haben – fragt sich, wer als Nächster an die Reihe kommt ...

Meiner Meinung nach gibt es zwei relevante Fragen, die zu diskutieren sind und über die zu entscheiden ist: Zum einen geht es um die Qualität der Kindertagesbetreuung. Und zum anderen um die Freiheit der Eltern, sich für das Modell zu entscheiden, von dem sie glauben, dass es für ihre Familie am geeignetsten ist.

Was ist das Beste für unsere Kinder?

Eine österreichische Vorschullehrerin hat mir einmal die folgende Frage gestellt: »Mit Kindern, die bereits in der Krippe waren, habe ich die Erfahrung gemacht, dass sie bei der Eingewöhnung in den Kindergarten viel weniger Schwierigkeiten hatten. Sind Sie nicht auch der Meinung, dass es besser für Kinder ist, so früh wie möglich in einer Tageseinrichtung untergebracht zu werden?«

In dieser kurzen Äußerung hatte sie gleich zwei Dinge untergebracht, von denen sie absolut überzeugt war:

- Das Anpassungsvermögen an die Umstände einer Betreuungseinrichtung ist per se eine notwendige Qualität

in der Persönlichkeitsentwicklung eines Kindes und somit für sein ganzes Leben!
- Es gibt so etwas wie »das Beste für *die Kinder*«.

Sie beging denselben Fehler, den viele pädagogische Fachkräfte begehen, die das, was sie für sich und ihre Kollegen für das Beste halten, einfach auf die Kinder übertragen bzw. davon ausgehen, dass es für Kinder überhaupt so etwas gibt wie »das Beste«.

Ich habe Einrichtungen besucht, die aus professioneller Sicht betrachtet weit unter dem Durchschnitt lagen, und trotzdem schienen die Kinder sich dort sehr wohlzufühlen. Und ich habe auch großartige moderne Einrichtungen gesehen, in denen sich einige Kinder überhaupt nicht entfalten und entwickeln konnten. Dasselbe gilt für Tagesmütter und andere Alternativen zur elterlichen Fürsorge – ja, es gilt sogar für die elterliche Fürsorge selbst!

Denn auch die ist nicht immer makellos! Wie schon gesagt, etwa 10 % aller Kinder wären in der Tat bessergestellt, wenn sie so viel Zeit außerhalb ihres Elternhauses wie möglich verbrächten – das sagt uns die Statistik.

Die Frage, was für unsere Kinder das Beste ist, lässt also gar keine Antwort zu, die für alle gilt. Hinzu kommt, dass sich Kinder im Alter zwischen eins und sechs so ungefähr jedem Lebensumstand anpassen. Die Frage lautet vielmehr: Was ist das Beste für *mein* Kind, was das Beste für *dein* Kind? Was ist die optimale Lösung, die seinem Alter, seiner Persönlichkeit, seiner Entwicklung und den Bedürfnissen seiner Familie entspricht?

Bevor ich Antworten auf diese Fragen anbieten werde, will ich aber noch einmal daran erinnern, dass Kinderkrippen und Kindergärten keine Erfindung Gottes und kein Geschenk an seine jüngsten Schäfchen sind. Sie sind ein Angebot der Gesellschaft an die Eltern, die im Bildungssystem und auf dem Arbeitsmarkt benötigt werden. Wobei über die Qualität dieser Einrichtungen, die den unterschiedlichen Entwicklungsbedürfnissen von so vielen ganz verschiedenen Kindern gerecht werden sollten, nicht nach fachlichen Kriterien entschieden wird, sondern je nach Haushaltslage! Und diese Entscheidungen liegen dann in den Händen von Politikern und Bürokraten: von Politikern, die sich für Kinder eigentlich nur zur Weihnachtszeit interessieren (oder nicht willens sind, ihre vollmundigen Ankündigungen in die Tat umzusetzen), oder von Bürokraten, die sowieso nur befolgen, was ihnen die Politiker einreden. Seit vier Jahrzehnten beobachten wir dasselbe Spiel: Wenn Politiker sich mit ihrem unzureichenden Etat konfrontiert sehen und den Kürzungsvorgaben der Regierung entsprechen müssen, führt sie das schnurstracks in Richtung Kinderbetreuung: Sie kürzen Zuschüsse, erhöhen die Preise oder beides auf einmal und sind trotzdem gerissen oder ignorant genug, zu behaupten, dass derlei Maßnahmen in keinster Weise die Qualität der Versorgung beeinträchtigen werden. Ihre Wähler – die Eltern – bleiben in der Regel passiv, weil ihre ganze Lebensgestaltung vom Angebot der Kinderbetreuung abhängig ist. Ihr Leben liefe völlig aus dem Ruder, wenn diese Versorgung auf einmal ganz eingestellt werden würde. Das mag ein bisschen zu zynisch und zu brutal klingen, aber genau so läuft es doch: Eine Entscheidung zieht die andere nach sich.

Bei privaten Einrichtungen gelten – von Land zu Land unterschiedlich – etwas andere Regeln, sodass sie hinsichtlich ihrer Qualität staatlichen Institutionen überlegen sein können. Nicht immer, aber oft. Der direkte Austausch von Geld scheint inspirierender zu sein als die indirekte Finanzierung über Steuern. Darum plädiere ich ja für den Grundsatz, dass das Geld dem Kind folgen soll.

Wer also entscheidet, was das Beste fürs Kind ist? Die Eltern natürlich. Leider sind nicht alle besonders vorausschauend, wenn es sich um ihr eigenes handelt, aber sie sind mit Abstand am besten informiert und die Einzigen, die mögliche Konsequenzen einer Fehlentscheidung tragen müssen und können.

Diese Feststellung wirft allerdings eine weitere, ebenso interessante wie herausfordernde Frage auf: Lässt sich voneinander unterscheiden, was einerseits für die Eltern und andererseits für ihre Kinder das Beste ist? Ich glaube nicht.

Obwohl wir auf eine lange Tradition dieser Trennung der jeweiligen Interessen zurückblicken können und obwohl viele staatliche Grundsätze und auch die Gesetzgebung diese künstliche Unterscheidung aufrechterhalten, sind die Interessen von Eltern und ihren Kindern doch so miteinander verflochten, dass es sehr schwierig ist, das eine von dem anderen zu trennen. Oft hört man von Müttern, die glauben, sich dafür rechtfertigen zu müssen, dass sie eine gute Ausbildung und später einen entsprechenden Beruf haben wollen, den Satz: »Wäre es denn besser für mein Kind, den ganzen Tag mit einer unglücklichen und frustrierten Mutter zusammen zu sein?« Die Antwort lautet: »Natürlich nicht!«, aber das ist noch lange keine Antwort auf die Frage: »Ist eine Tageseinrichtung oder die Betreuung in der Familie besser für ein Kind?«

Um diesem Teufelskreis zu entkommen, sollten wir auf wissenschaftliche Untersuchungen zurückgreifen können. Können wir aber nicht. Abgesehen von den alten kommunistischen Systemen waren wir – also die skandinavischen Länder – die ersten und schnellsten, die den Sprung von der familiären zur institutionalisierten Betreuung getan haben. Und das ging alles so schnell, dass wir keine Zeit hatten, seriöse wissenschaftliche Studien anzufertigen. Und als wir endlich damit anfingen, fehlten uns die Kinder, die zu Hause betreut wurden, um eine wissenschaftlich fundierte Vergleichsstudie zu erstellen. Es gibt unzählig viele Studien darüber, was die Betreuungseinrichtungen Gutes tun, und in letzter Zeit auch die eine oder andere Studie darüber, wo sie gescheitert sind. Aber es hat nie eine große Vergleichsuntersuchung gegeben, die, sagen wir, 20.000 Kinder aus beiden Gruppen miteinander vergleicht. Die europäischen Länder, die zurzeit dabei sind, Millionen von Kindern aus der familiären Betreuung in staatliche oder private Einrichtungen zu überführen, würden uns allen einen großen Dienst erweisen, wenn sie so schnell wie möglich diese Art von Studien in die Wege leiten.

Vor dem Hintergrund meiner vierzigjährigen Erfahrung mit skandinavischen Tageseinrichtungen aus nächster

Nähe kann ich Eltern, die zurzeit vor der großen Entscheidung stehen: »Krippe ja oder nein«, nur eine sehr allgemeine Antwort geben: Die große Mehrheit dieser Einrichtungen kümmert sich exzellent oder zumindest annehmbar um die Kinder, die ihnen anvertraut werden.

Jedoch sollten wir uns angesichts der bereits beschriebenen rasanten Entwicklung auf diesem Gebiet jetzt die Zeit nehmen, einmal innezuhalten und gründlich darüber nachzudenken, wo genau wir stehen und was wir verbessern könnten. Das finge mit der Ausbildung der Erzieherinnen an und ginge weiter über das Verhältnis von gut geschulten und gar nicht ausgebildeten Mitarbeitern bis hin zum Betreuungsschlüssel. Untersuchungen haben ergeben, dass es besonders unter den Ein- bis Dreijährigen viele Kinder gibt, denen es nicht so gut geht. Circa 22 % von ihnen haben einen viel zu hohen, nicht hinnehmbaren Cortisolspiegel im Gehirn – Cortisol ist ein Stresshormon und wirkt neurotoxisch.

Meine Einblicke in die Kindertagesbetreuung außerhalb von Skandinavien sind nicht so detailliert, aber die größte und offensichtlichste Gefahr besteht darin, dass die meisten Länder über zu wenige qualifizierte Erzieherinnen und Erzieher verfügen, deren Ausbildung zudem noch veraltet ist. Dass sie überdies auch schlecht bezahlt werden, lässt die Aussichten auf Qualitätsverbesserung alles andere als rosig aussehen.

Wenn Eltern die Wahl und außerdem die Möglichkeit haben, sich verschiedene Einrichtungen anzusehen, lautet mein Rat, diese ein oder zwei Tage lang zu besuchen. Wenn du dich willkommen fühlst, akzeptiert und wohl, dann ist die Chance groß, dass es deinem Kind genauso gehen wird. Achte nicht zu sehr auf ihre Flyer, Ideologien oder Lehrpläne – rieche, fühle und erlebe die Atmosphäre. Wenn sich dein Kind nach 4 bis 6 Wochen noch nicht eingelebt hat, hast du vielleicht nicht die richtige Wahl getroffen; entweder war es falsch, dein Kind in fremde Hände zu geben, oder die Wahl der Einrichtung war falsch. Und wenn dir keine andere Wahl bleibt? Dann gilt das auch für dein Kind!

Wer hat das Sagen?

Die norwegische Pädagogikprofessorin Dr. Berit Bae war die erste und bisher einzige Wissenschaftlerin bei uns, die eine Doktorarbeit über die gegenseitige Anerkennung von Erzieherinnen und Kindern in der Vorschulpädagogik geschrieben hat*. In diesem Zusammenhang ist sie der Frage nachgegangen, wer in den Betreuungsinstitutionen eigentlich das Sagen hat, mit anderen Worten, wer über die »Definitionsmacht« verfügt.

Um die Bedeutung des Terminus und die potenzielle Gefahr, die von ihm ausgeht, zu erklären, will ich noch einmal zu der österreichischen Vorschullehrerin zurückkehren, von der ich vorhin erzählt habe. Sie war eine junge, intelligente Frau mit etwa vier bis sechs Jahren Berufserfahrung und

* Berit Bae, *Dialoger mellem førskolelærer og barn – et beskrivende og fortolkende studie.* Høgskolen I Oslo

bereits durchdrungen von der Überzeugung, dass »gute« Kinder jene sind, die sich ohne Schwierigkeiten einer Kindergartenatmosphäre anpassen können. Die anderen waren für sie die »problematischen« Fälle. Eine sehr vereinfachende, primitive und unprofessionelle Projektion, die nichts anderes besagt als: »Weil es mir schwerfällt, eine Beziehung zu diesem Kind aufzubauen, ist das Kind schwierig!«

In den 70er-Jahren haben unser Team am Kempler Institute of Scandinavia und ich viel Zeit darauf verwendet, Gruppen von Erzieherinnen und Pädagogen bei dem aufregenden Prozess zu begleiten, einen Kindergarten zu gründen. Es ging um verschiedene Erziehungsphilosophien, unterschiedliche Aktivitäten, um Regeln, um die Zusammenarbeit mit den Eltern etc. Alle Beteiligten nahmen die Entwicklung neuer Konzepte zum Wohle der Kinder außerordentlich ernst und waren darauf bedacht, vor allem mit jenen Kindern und Eltern in Dialog zu treten, die sich nicht so wohl damit fühlten. Sie waren interessiert und flexibel, und viele Kinder hatten in diesen Einrichtungen ihre ersten positiven Erfahrungen mit Erziehern.

Aber bereits ein Jahrzehnt später begann diese freundliche und alle Beteiligten einbeziehende Kultur zu verschwinden. Heutzutage hört man praktisch keinen Leiter (oder auch Lehrer) mehr sagen: »Wir sind mit unserem Kindergarten sehr zufrieden und tun wirklich unser Bestes, damit sich alle Kinder wohlfühlen. Aber es scheint, dass wir gar nicht so richtig wissen, was euch Kinder glücklich macht. Könnt ihr uns dabei helfen?«

Heute heißt es hingegen: »Wenn du dich hier nicht wohlfühlst, stimmt etwas mit dir oder mit deiner Familiensituation oder mit beidem nicht.« Eine verheerende Botschaft, die den Seelenfrieden einer Familie aufs Höchste gefährden kann.

In einer dänischen Studie, die kürzlich veröffentlicht wurde*, wurde untersucht, wie wohl sich Drei- bis Sechsjährige in den Tageseinrichtungen fühlen. 20 % der Jungen äußerten, dass es ihnen nicht gut gefällt, bei den Mädchen waren es weniger als 10 %. Diese Studie ist bislang einzigartig und insofern besonders, weil sie den Kindern, den Eltern und den Erziehern gleichlautende Fragen stellte. Und das Ergebnis ist alarmierend, weil die hauptsächlich weiblichen Fachkräfte mehr oder weniger einen identischen Anteil von Jungen als »problematisch« bezeichneten – und das nur, weil sich die Jungen wie Jungen benehmen in Einrichtungen, die von Frauen geführt werden, die sich am Umgang mit netten kleinen Mädchen orientieren. Was dazu führt, dass eine relativ große Anzahl von Jungen bereits im Alter von drei bis fünf Jahren als »problematisch« abgestempelt wird.

Das ist ein beängstigendes Beispiel für die »Definitionsmacht«, von der ich sprach. Es ist jene Macht, die wohlmeinende Frauen – mit wenigen oder geringen Kenntnissen, um bei Kindern eine fachgerechte Diagnose zu stellen –, ohne mit der Wimper zu zucken, ausüben, wodurch sie in den betroffenen Familien große Unruhe und viele Probleme auslösen. Der Fairness halber sollte ich erwähnen, dass diese Studie eine von mehreren staatlichen Initiativen ist, um die Qualität in der Kindertagesbetreuung zu untersuchen,

* Thomas Nordahl, *Kvalitet i dagtilbuddet – set med børneøjne*. Aalborg Universitet 2012

und dass zu diesem Programm eben auch die Verbesserung der Ausbildung des Personals gehört. Das wird Kindern in 10 oder 20 Jahren zugutekommen, ist aber wertlos für jene, die jetzt bereits Opfer dieses erschreckenden Mangels an ethisch vertretbaren Erziehungsgrundsätzen und beruflicher Professionalität geworden sind.

Wären beide in ausreichendem Maße vorhanden, klänge das ganz anders und die Erzieherinnen würden sich mit folgender Bitte an die Zuständigen wenden: »Wir haben festgestellt, dass wir wiederholt das Verhalten vieler Jungen infrage stellen und verurteilen, und wir haben erkannt, dass das wahre Problem bei uns, den Erwachsenen, liegt, an unserer Sichtweise und unserer Inkompetenz. Wir benötigen dringend Supervision und Weiterbildung, um aus den Kindern nicht weiter Opfer zu machen.«

Leider aber tritt in den öffentlichen Einrichtungen meistens etwas ganz anderes ein. Nach einer Weile hören die Beschäftigten auf, ihre eigene Kompetenz zu hinterfragen, und wenn die Qualität ihrer Arbeit von außen infrage gestellt wird, reagieren sie häufig damit, vom Arbeitgeber mehr quantitative Zuwendung zu verlangen – das heißt mehr Geld und mehr Mitarbeiter, was aber das Problem nur selten wirklich löst.

All das muss natürlich kein Naturgesetz bleiben, denn ein bestimmtes Maß an Prävention und Schadensbegrenzung ist auch jetzt schon möglich. Es erfordert nur, ein paar einfache Routinen zu ändern, und die Fähigkeit, die eigene Begrenztheit zu erkennen. Dabei geht es nicht um die persönliche Begrenztheit, sondern darum, grundsätzlich eine andere Sicht einzunehmen.

Ein Beispiel zur Anschauung:

Der drei Jahre alte Martin entwickelt ein Verhalten, das vermuten lässt, dass er in Schwierigkeiten steckt. Er reagiert auf die Erwachsenen im Kindergarten zunehmend aggressiv, kann sich nicht länger als fünf Minuten konzentrieren und gerät mit anderen Kindern immer häufiger in Konflikte. In einem solchen Fall sollte das Mindestmaß an Routine folgendermaßen aussehen:

1. Der Erwachsene, der zu Martin die engste Beziehung aufbauen konnte, nimmt ihn morgens beiseite und lädt ihn zu einem Spaziergang außerhalb des Kindergartengeländes ein. In einem günstigen Moment, wenn es sich gerade richtig anfühlt, fragt sie oder er den Jungen: »Martin, ich habe gemerkt, dass du dich in letzter Zeit nicht wohlfühlst, und ich würde gerne wissen, was dich beschäftigt. Kannst du mir das erzählen?« Wenn Martin mit Schweigen reagiert, sagt der Erwachsene: »Vielleicht fällt es dir schwer, darüber zu sprechen, aber ich wünsche mir, dass ... Ich würde dir gerne helfen, wenn du Hilfe brauchst!«
   Ganz gleich, was Martin antwortet und ihm oder ihr anvertraut, die angemessene Antwort ist: »Oh, vielen Dank, dass du mir das gesagt hast! Weißt du was – ich werde darüber nachdenken und in ein oder zwei Tagen gehen wir noch mal spazieren ... okay?«

2. Nachdem der Erwachsene darüber nachgedacht, mit den Kollegen gesprochen und die Eltern informiert hat, ist

es Zeit für einen zweiten Spaziergang, auf dem sie oder er Martin sagt: »Ich habe über das nachgedacht, was du mir erzählt hast, Martin, und habe entschieden, dass niemand von uns klug genug ist, um allein eine gute Lösung zu finden. Darum habe ich deine Eltern angerufen, und wir werden uns alle in ein paar Tagen treffen, um darüber zu reden. Ich freue mich darauf!«

3. Bei diesem Treffen sind drei Dinge wichtig:
   - Martin muss anwesend sein. Natürlich müssen das seine Eltern entscheiden, aber die Erzieher sollten sie darin bestärken, ihn mitzubringen. Das wird für Martin von unschätzbarem Wert sein und sehr hilfreich für »seine« Erwachsenen.
   - Die Erzieherinnen sind die Gastgeber und verantwortlich für den Ablauf und die Atmosphäre des Treffens. Sie sollten keine bestimmten Vorstellungen und vorgefertigten Vorschläge haben. Der gesamte Ablauf des Treffens ist das Ziel.
   - Die Erzieherinnen sind dafür verantwortlich, dass ein Machtkampf verhindert wird (und zwar um die »Definitionsmacht«). Das ermöglicht man am besten, wenn sich die Beteiligten immer wieder an eine unumstößliche Tatsache erinnern: Wenn vier Erwachsene über Martin sprechen, dann reden sie über vier verschiedene Jungen – es gibt vier verschiedene Beobachtungen, Meinungen und Perspektiven. Und sie sind alle subjektiv.

Ganz unabhängig davon, wie viel Erfahrung die Erzieher haben, wie gut sie ausgebildet und aufgeklärt sind und wie großartig die Einrichtung im Moment ist, werden sie Fehler machen, und das ist vollkommen in Ordnung, solange sie dafür die Verantwortung übernehmen. (Auch mit demselben Personal verändert sich die Qualität einer Einrichtung ständig!) In dem Augenblick aber, in dem sie einen Sündenbock benennen – egal ob die Eltern oder die Kinder –, verlassen sie die Ebene der Professionalität.

Erzieherinnen und Eltern

Wenn Eltern sich entschieden haben, ihre Kinder in die Obhut einer öffentlichen oder privaten Einrichtung zu geben, erklären sie sich gleichzeitig dazu bereit, die Verantwortung für die Erziehung mit Fremden zu teilen. Dasselbe gilt umgekehrt auch für die Institution, die sich zur Aufnahme des Kindes entschließt. Die Tage, in denen die Erzieherinnen und Erzieher ihre Aufgabe ausschließlich darin gesehen haben, Kinder anzuregen und mit ihnen zu spielen und dabei die Verantwortung für das Wohl der Kinder und für deren psychosoziale Entwicklung bei den Eltern beließen, sind vorbei.

Wenn unsere Gesellschaft ihre Kinder in Betreuungsinstitutionen untergebracht sehen will – und das scheint der Fall zu sein –, muss sie auch die Verantwortung übernehmen, die mit dieser Aufgabe einhergeht. Das bedeutet, dass sie ihren Beschäftigten diese Verantwortung überträgt und sicherstellen muss, dass sie die erforderlichen Qualifikationen besitzen, ihrer Verantwortung auch gerecht zu werden.

Dass Erzieherinnen und Eltern jetzt die Verantwortung teilen – wobei die Entscheidungsmacht natürlich bei den Eltern verbleibt –, verlangt nach einem neuen Ansatz, verlangt, über die Zusammenarbeit zwischen diesen beiden Parteien nachzudenken und sie überhaupt zu ermöglichen. Eine sinnvolle Gesetzgebung und formale Direktiven sind wichtig, aber in der Praxis hängt die Qualität der Zusammenarbeit von den Beteiligten und ihren Kommunikationsfähigkeiten ab.

Da uns die Realität lehrt, dass das Personal in frühkindlichen Betreuungseinrichtungen überall sehr viel über Kinder, aber erschreckend wenig über Eltern weiß, ist es unerlässlich, hierzu längerfristige Supervisionen und eine adäquate Berufsausbildung anzubieten. Erfahrungen aus der Praxis haben uns gezeigt, dass optimale Ergebnisse erzielt werden, wenn beides sowohl öffentlichen als auch privaten Organisationen angeboten und entsprechend durchgeführt wird. Die privaten Anbieter fordern die öffentlichen Institutionen heraus und sorgen für Innovationen, und die Öffentlichen sorgen dafür, dass die Privaten nicht übertreiben.

Eine gute Zusammenarbeit mit den Eltern, die Ermöglichung fruchtbarer Gespräche und die Elternberatung sind Fertigkeiten, für die sich die akademische Welt bislang nicht besonders interessiert hat. Konsequenterweise haben sie darum auch immer eine unbedeutende Rolle in der Ausbildung von Erzieherinnen und Lehrern gehabt. Ich hoffe sehr – zu unser aller Nutzen –, dass sich das ändern wird.

Eltern sind leicht zu verunsichern und erkennen die Fachkräfte viel zu schnell als Autoritäten an, was für alle Beteiligten meistens sehr ungünstig ist. Denn die meisten Erzieher in Tageseinrichtungen kennen sich zwar mehr oder weniger gut mit ihrem Beruf und mit Kindern aus, aber sie sind keine Experten fürs Familienleben und für die Kindererziehung im familiären Umfeld.

Die institutionalisierte Kindertagesbetreuung und Erziehung sind dem familiären Umfeld in keinster Weise überlegen! Die beiden sind – und sollten es auch sein – sehr unterschiedlich, allerdings ergänzen sie sich. In Skandinavien haben wir festgestellt, dass die Eltern das Verhalten der Pädagogen annehmen, was die Kinder in hohem Maße frustriert. (Ein robustes Kind kann etwa 6 bis 7 Stunden Pädagogik am Tag aushalten!) Die Eltern wiederum sind gestresst und haben ein schlechtes Gewissen, weil sie nicht in der Lage sind, dem hohen Niveau an Input und Entertainment der professionellen Erzieher zu entsprechen.

Der grundlegende Unterschied ist folgender:

- Pädagogik ist »cooler« als Elternsein und (hoffentlich!) auch vernunftorientierter und professioneller. »Cooler« bedeutet nicht kälter, sondern nur ein bisschen kühler als die Liebe zwischen Eltern und Kind. Die Tageseinrichtungen lehren Kinder in erster Linie, Kind zu sein. Das heißt, sie lernen, wie man spielt, wie man kreativ und sozial sein kann, und entwickeln sich altersgemäß. Der pädagogische Blick konzentriert sich mehr auf den Lernprozess und die Lernziele.

- Das Familienleben hat viel breiter gesteckte Ziele, und der wohl wichtigste Unterschied zu den Tageseinrichtungen ist, dass Kinder dort lernen können, was es bedeutet, erwachsen zu sein. Das aber geschieht nur, wenn die Eltern sich die Zeit nehmen, »erwachsene Dinge« zu tun, wenn sie mit ihren Kindern zusammen sind. Nur so können Kinder lernen, wie Erwachsene zusammenleben, sich um den Haushalt, ihre eigenen Belange und persönliche Interessen kümmern. Da die Erziehung in den Einrichtungen eher zielorientiert ist, benötigen Kinder, die sich täglich fünf bis neun Stunden dort aufhalten, ein häusliches Umfeld, das ihnen erlaubt, so zu sein, wie sie sind: wo sie im Hier und Jetzt leben und wachsen dürfen.

Mit anderen Worten: Das Verhältnis von Kindern und Erziehern basiert auf einer Geschäftsvereinbarung, was so viel heißt wie: »Wir sind nur für dich da.« In Familien haben die Eltern auch andere Dinge zu tun, und ihre Kinder können nicht immer im Mittelpunkt der Aufmerksamkeit stehen. Aber nur so können Kinder erfahren und lernen, ihre Bedürfnisse und Wünsche mit denen der anderen in einem andauernden Dialog und immer neuen Verhandlungen abzugleichen. In einer Einrichtung lernen sie Regeln kennen, und in ihrer Familie lernen sie etwas über persönliche Grenzen, was ihnen ermöglicht, Empathievermögen zu entwickeln und auszubauen.

Ich habe keine Einwände gegen Regeln oder »Grenzen«, wie es gerne genannt wird. Eine begrenzte Anzahl an Regeln und Vorschriften ist notwendig, um Prozesse sowohl innerhalb von Tageseinrichtungen als auch in Familien zu ermöglichen. Ein Problem entsteht erst dann, wenn die Regeln und die Einhaltung dieser Regeln von den Erwachsenen als das Eigentliche menschlichen Verhaltens angesehen werden. Allzu oft gilt die Befolgung von Regeln als eine wünschenswerte Qualität der kindlichen Persönlichkeit, aber leider führt ausgerechnet diese Haltung dazu, dass sie die Fähigkeit verlieren, auf ihre eigene innere Stimme zu hören. Und dadurch wird es für sie schwierig oder gar unmöglich, Empathie und Eigenverantwortlichkeit zu entwickeln. Und diese beiden Fähigkeiten sind ausschlaggebend für die Lebensqualität und für die Gesundheit von Kindern, Jugendlichen, Erwachsenen und der Gesellschaft!

Das kompetente Kind

Obwohl ich mit vielen Institutionen zu tun hatte, die behaupteten, das Kind als Individuum zu betrachten, waren nur wenige darunter, denen dieser Ansatz tatsächlich gelungen ist. Die Erklärungen dafür liegen zum Teil an Mittelkürzungen und Personalabbau, aber auch an einem traditionellen, kollektivistischen Ansatz, der beinhaltet, dass alle Kinder zur gleichen Zeit schlafen und essen müssen und gleichzeitig windel- und schnullerfrei werden sollen.

Vor etwa fünfzehn Jahren haben ein paar von uns den Versuch unternommen, diesen Ansatz in einer Institution zu hinterfragen – es war nicht leicht, aber am Ende doch äußerst erfolgreich, auch deswegen, weil die Kinder so positiv darauf reagiert haben.

In diesem Kindergarten brachten die Kinder ihre Brotboxen von zu Hause mit und mussten alle gleichzeitig an einem gemeinsamen Tisch Mittagspause machen. Die Situation am Tisch war häufig sehr chaotisch, und die Erzieherinnen beschwerten sich und stellten immer neue Regeln auf. Als wir sie fragten, warum die Mittagspause so stattfinden müsse und warum sie den Kindern nicht erlaubten, zu essen, wenn sie hungrig sind, erhielten wir mehrere Antworten:

- *Das ist gut für die Entwicklung der sozialen Kompetenz!*
  Aber was soll daran gut sein? Was kann ein Kind von einem Regime lernen, in dem es gemeinsam mit den anderen essen muss, auch wenn es keinen Hunger hat, und wo es vor allem immer alles aufessen muss? Was lernst du daraus, dass dir verboten wird, neben deiner besten Freundin zu sitzen, weil ihr euch zu viel und zu laut miteinander unterhaltet (was notwendig ist, weil der Geräuschpegel um dich herum so hoch ist)? Was lernst du von einem gemeinsamen Mittagessen mit 35 Kindern, zu denen du zum Großteil keine Beziehung hast?

- *Wir sind dafür verantwortlich, dass die Kinder essen und vor allem genug essen!*
  Okay, aber vielleicht gibt es andere Wege, um das sicher-

zustellen? (Interessanterweise haben diese Erzieherinnen hinter vorgehaltener Hand genau die Eltern kritisiert, die ihrem Kind jeden Nachmittag nur eine und immer dieselbe Frage stellten: Hast du noch etwas in deiner Brotdose?)

- *Wir sind dafür verantwortlich, dass die Kinder einen gesunden und verantwortungsbewussten Umgang in puncto Ernährung entwickeln!*
  Aber wie soll das möglich sein, wenn du gezwungen wirst, zu essen – ob hungrig oder nicht –, und das entweder in einem lärmenden Inferno oder unter dem Regiment eines strikten Regelwerks?

Dieses System basiert in Wahrheit auf Bedürfnissen aus Zeiten der frühen Industrialisierung, als sowohl Eltern als auch Institutionen es als ihre oberste Pflicht ansahen, die Kinder auf ein freudloses Leben in Fabriken oder Kohleminen vorzubereiten.

Nach einigen Überlegungen erklärten sich die Eltern und Erzieher bereit, ein neues, anderes Konzept auszuprobieren: Die Kinder wurden dazu ermuntert, nur zu essen, wenn sie Hunger hatten. Die Regeln für die Essenspausen waren überschaubar und denkbar einfach: Deine Pause muss in der Zeit zwischen 11 und 13 Uhr stattfinden und du sollst nicht allein essen. Die Kinder benötigten etwa eine Woche, um sich an dieses neue Konzept zu gewöhnen. Wenn man den Kindergarten zur Mittagszeit besuchte, war es eine große Freude, zu beobachten, was sich entwickelt hatte. Die Kinder saßen in Zweier-, Dreier- und Vierergruppen an Tischen zusammen. Einige im Speisesaal, andere draußen oder in einer stillen Ecke, einige hatten sich sogar aus Decken und Kartons »Pausen-Höhlen« gebaut. Der soziale Aspekt des gemeinsamen Essens war mehr als erfüllt worden. Auf einmal war es auch kein Thema mehr, wie viel die Kinder aßen, und die Erzieherinnen konnten andere Rollen als die der »Essenspolizei« einnehmen. Sogar die Eltern waren in der Lage, loszulassen und ihren Kindern das nötige Vertrauen entgegenzubringen.

Daraufhin erzogen und entsprechend konditioniert zu werden, wie die Gesellschaft vielleicht in 15 Jahren funktioniert, war noch nie gut für Kinder. Weder für ihre soziale, emotionale, physische und spirituelle Gesundheit noch für ihr Wohlbefinden. Kinder kommen mit einem großen sozialen Verlangen und einer Vielzahl an Fähigkeiten auf die Welt und ihr erstes und vorrangiges Bedürfnis ist es, dazuzugehören und sich wertvoll zu fühlen. Ein tägliches Arbeitspensum von sechs bis acht Stunden, das aus verbindlicher Teilnahme und Kooperationsbereitschaft mit den Begebenheiten der Tageseinrichtung besteht, stellt hohe Anforderungen an kleine Kinder. Mehr als genug Anforderungen, da gibt es keine Notwendigkeit, weitere Forderungen zu stellen, um die Mehrheit der Kinder bei ihrer »Entwicklung« zusätzlich zu unterstützen. Sie werden sich schon von ganz alleine entwickeln, wenn man ihnen den »Luxus« lässt, es ganz nach ihrer eigenen Art zu tun, mit der ihnen eigenen Geschwindigkeit und nach ihrem eigenen Entscheidungsvermögen.

Daran sollten sich Eltern immer wieder erinnern, wenn ihr Kind hin und wieder nicht in die Kinderkrippe oder den Kindergarten gehen will oder sich einfach mal einen freien Tag wünscht, um wieder durchatmen zu können. Vielleicht hilft es, deinem Kind eine Antwort auf seinen Wunsch zu geben, die davon zeugt, dass du es verstehst und respektierst, auch wenn du ihn nicht erfüllen kannst. Ich schlage auch gerne vor, dass Eltern zwischendurch die Leistungen und unersetzlichen Beiträge ihrer Kinder zum Funktionieren der Familie anerkennen. Ihr solltet ihnen einfach ab und zu dafür danken: Wählt einen Abend aus, kocht ihnen ihr Lieblingsessen (auch wenn es vielleicht nicht das gesündeste Essen ist!), gebt ihnen ein kleines symbolisches Geschenk und sagt ihnen mit wenigen Worten etwas Anerkennendes. Euer Kind wird sich nicht nur unschätzbar wertvoll fühlen, es wird ihm auch etwas leichter zumute werden, es kann loslassen und sich für die nächste harte Arbeitswoche bereit machen.

In den vergangenen Jahren hat sich der Terminus der »urban kids« zunehmend durchgesetzt, und das aus gutem Grund. Die Kinder von heute, die in Großstädten aufwachsen, sind wie ihre Eltern einem hohen Maß an Stress ausgesetzt. Die Geschwindigkeit des Daseins ist zu schnell geworden, der Lärm, die Verschmutzung, die extreme Menge an unkontrollierbarem Input sind zu groß. Festgelegte Strukturen und sorgfältige, durchgetaktete Planung werden immer zwingender, und die Tatsache, dass Arbeitszeit und Freizeit fließend ineinander übergehen, bringt die Menschen aus dem Lot, quer durch alle Altersschichten. Folglich wächst auch das Angebot an Möglichkeiten, um das innere Gleichgewicht zurückzugewinnen: Yoga, Meditation, Qigong, Pilates etc. Aber auch der Konsum an Medikamenten, Alkohol und Drogen nimmt zu, um diesen Mangel an Ausgeglichenheit zu betäuben.

Allerdings stehen diese Angebote fast ausschließlich den Erwachsenen zur Verfügung. Nur wenige Institutionen oder Familien bieten den Kindern die Möglichkeit, das innere Gleichgewicht wiederherzustellen. Ich bin ernsthaft der Ansicht, dass wir den Tagesablauf in Kindergärten und Schulen überdenken müssen, wo sich traditionell alles nur darum dreht, ständig etwas zu machen. Viel zu viele Großstadtkinder sind buchstäblich dauerhaft »außer sich« und haben die Fähigkeit verloren, spielerisch mit ihrer Aufmerksamkeit umzugehen. Sie sind nicht in der Lage, von dem Geschehen und dem Erleben im Außen, also außerhalb ihres Körpers und ihrer Gedanken, zu ihrem Inneren und ihren Gefühlen vorzudringen. Und das bedroht ihr Wohlbefinden und ihre Gesundheit nachhaltig.

Es hindert sie an der Entwicklung eines gesunden Selbstwertgefühls und unterbindet die Entstehung von Empathievermögen sowie das Gefühl von Verbundenheit mit anderen Menschen. All das schwächt ihre Lernfähigkeit und ihr psychosoziales Immunsystem und erhöht die Suchtgefahr und auch die Gefahr, im mitmenschlichen Zusammensein zum Opfer zu werden.

Was wir gewährleisten müssen – und das ist die Minimalforderung –, sind Phasen der Ruhe und Zurückgezogenheit. Und zwar täglich! Zusammen mit ein paar dänischen Freunden habe ich ein kleines Handbuch über dieses Thema geschrieben: Miteinander. Wie Empathie Kinder stark macht*. In diesem Buch haben wir ein paar einfache Übungen zusammengestellt, die sich besonders bei Schulkindern bewährt haben, aber natürlich auch im Kindergarten angewandt werden können, wenn sie etwas spielerischer umgesetzt werden.

Ich verstehe das gleichzeitig auch als einen Appell an die Eltern, getrost das Unterhaltungsangebot und den permanenten Versuch, Kinder »zu erziehen«, zu reduzieren. Streicht alles, was ihr als eine Last empfindet oder was euch stresst! Denn wenn es euch stresst, dann stresst es auch eure Kinder. Also lasst es sein!

Laut der gängigen pädagogischen Tradition besteht ein Interessenkonflikt zwischen den Bedürfnissen des Individuums und den Bedürfnissen der Gesellschaft/der Gruppe oder der Familie. Deshalb ist es die Aufgabe der Erwachsenen, die Bedürfnisse der Gruppe im Auge zu behalten und ihre Kinder davor zu bewahren, egozentrisch und asozial zu werden. Diese Haltung steht im Einklang mit dem Gesellschaftsideal von vor hundert Jahren, in dem der Einzelne keinen Platz hatte. Und es deckt sich mit dem freudschen Ansatz, dass Kinder egozentrisch auf die Welt kommen und von ihren primitiven und antisozialen Instinkten getrieben sind. Interessanterweise haben sich zeitgleich in den verschiedenen Kulturen viele Versionen des alten Sprichwortes »Eine Kette ist nur so stark wie ihr schwächstes Glied« entwickelt. Dahinter steht die implizite Annah-

* Jesper Juul et al.: *Miteinander. Wie Emphatie Kinder stark macht.* Weinheim und Basel, Beltz 2012.

me, dass starke und unabhängige Individuen die Voraussetzung für den Erfolg einer Gruppe sind. Vor mehr als einer Generation haben die Sozial- und Familienpsychologie diese Erkenntnis untermauern können. Und trotzdem scheint die Notwendigkeit von Unterwerfung und Selbstaufgabe nach wie vor eine unverrückbare Größe in der Erziehung zu sein, die in der Praxis in den unterschiedlichsten Formen und Situationen in Erscheinung tritt.

Die entscheidende Frage lautet also nicht mehr, mit welchen Kompetenzen und wie immer ausgestattet Kinder auf die Welt kommen, sondern wie gut die Bedingungen sind, unter denen Kinder innerhalb und außerhalb der Familie aufwachsen – unter entsprechend kundiger Führung. In der Qualität der Führung liegen die größten Möglichkeiten, um das Potenzial für soziale Interaktion, Empathie und Kooperation zu entwickeln – oder es zu zerstören.

Die anhaltende Tendenz, an veralteten Glaubenssätzen festzuhalten, schwächt nicht nur jedes einzelne Kind, sondern auch den Kern menschlichen Zusammenseins. Darum ist es von größter Bedeutung, dass die Erzieher und Lehrer mit entsprechenden Führungsfähigkeiten ausgestattet werden.

Vor einigen Jahren habe ich mich während eines Vortrags sehr kritisch zu einer in Mode gekommenen Erziehungsmethode geäußert, die nach dem Grundsatz verfährt, gehorsame und folgsame Kinder zu belohnen. In der Pause trat eine Frau auf mich zu und stellte sich als die Leiterin eines kleinen Kindergartens vor, in dem sie zwanzig Kinder im Alter von drei bis sechs Jahren betreute. Fast beschämt erzählte sie mir, dass sie in Absprache mit den Erzieherinnen ebenjene Methode eingeführt habe, die ich so deutlich kritisiert hatte. Der Grund: »Wir waren nicht in der Lage, die Kinder am Ende des Tages dazu zu bringen, die Spielecke aufzuräumen.«

Meine Antwort lautete: Wenn es den Erwachsenen in einer Tageseinrichtung nicht gelingt, in einer Gruppe von Drei- bis Sechsjährigen eine Atmosphäre und Kultur von Mitarbeit und Teilnahme zu erzeugen, müssen sie dringend ihre zwischenmenschlichen Kompetenzen überdenken und sie zusammen mit ihrem Führungskonzept grundlegend ändern. Mit einer primitiven Methode, Kinder zu manipulieren, ist es jedenfalls nicht getan. Wenn eine Gruppe von Kindern sich der erwachsenen Führung widersetzt, liegt das daran, dass sie sich nicht anerkannt, wertgeschätzt, gesehen und gut versorgt fühlt – egal, aus welchem familiären Kontext die Kinder kommen.

Die Schlacht ums Kind

Weil uns das Wohl und die Zukunft unserer Kinder so sehr am Herzen liegen, wird die Debatte über die Kindertagesbetreuung oft sehr schnell emotional. Vor allem Mütter verteidigen die Wahl ihrer Entscheidung, indem sie die Meinung der anders denkenden Mütter abwerten. Ich habe kein Interesse, mich in diesen Streit einzumischen – und vor allem keine Hoffnung, dass ich damit Erfolg haben könnte.

Ich möchte diese Frauen lediglich darauf hinweisen, dass sie vordergründig zwar zum Wohle ihres Kindes kämpfen, in Wirklichkeit aber schlechte Vorbilder sind, weil sie die Andersdenkenden bekriegen und behaupten, im Besitz der einzigen Wahrheit zu sein. Ich möchte sie dringend darum bitten, etwas mehr Spielraum in ihren Köpfen zuzulassen und ein entsprechend akzeptables Verhalten an den Tag zu legen. Denn die Kinder, für die sie jetzt kämpfen, werden aller Wahrscheinlichkeit nach ihre eigenen Kinder später einmal in öffentlichen Einrichtungen unterbringen. Jetzt ist die Zeit, sich für die zukünftige Rolle als Großmutter und Schwiegermutter zu qualifizieren.

Konzentriert euch also auf eure eigene Familie und eure Kinder und versucht, eure Haltung durch emotionale und sachliche Argumente zu stützen, anstatt andere schlechtzumachen. Eure qualifizierten Stimmen sind von großer Bedeutung in dieser Debatte. Aber solange ihr diesen Zickenkrieg zulasst, wird es den Politikern ein Leichtes sein, auf einem Ohr taub zu sein und ihre Beschlüsse durchzubringen.

Denjenigen von euch, die sich für eine Kinderbetreuung in einer Tageseinrichtung entscheiden, möchte ich empfehlen, sich in der Zusammenarbeit mit den Erziehern und den anderen Eltern mit so viel Herz und Gefühl wie möglich zu engagieren. Die Qualität der Kinderbetreuung ist zu wichtig, um sie allein den Politikern und Erziehern zu überlassen.

Und ihr, die das Privileg habt, eure Kinder zu Hause zu betreuen, wägt eure Beiträge in dieser Debatte sorgfältig ab, sonst werden sie als ideologisch, arrogant oder unwissend abgetan.

Zum Schluss

Dass die deutsche Regierung so kühn war, allen Eltern von Kindern zwischen ein und drei Jahren einen Krippenplatz zu garantieren, mag politisch ein geschickter Schachzug gewesen sein, doch zeigt die Erfahrung – zum Beispiel in Norwegen –, dass mit solch einem vollmundigen Versprechen immer die Quantität vor die Qualität gesetzt wird. Was bedeutet, dass die infrage kommenden Familien ein großes Risiko eingehen müssen, denn es gibt einfach noch nicht genügend qualifiziertes Personal, um dem hohen Anspruch nach ausreichender Qualität in der außerhäuslichen Kinderbetreuung gerecht zu werden. Aber da das Versprechen nun einmal ausgesprochen wurde, muss der ganze Prozess jetzt quasi vom Ende her aufgerollt werden, und es bleibt den Eltern, Erzieherinnen und Pädagogen nichts anderes übrig, als sich um die entsprechenden Qualitätskriterien selbst zu bemühen.

Die bestehende Ausbildung für die Erzieherinnen und Pädagogen ist überholt und weit davon entfernt, für eine entsprechend gute Qualität der Krippen zu sorgen. Was sich aus der Geschichte der Krippenerziehung durchaus erklären lässt, und dennoch: Die größte Herausforderung besteht heute darin, für eine Ausbildung zu sorgen, die den Studierenden und Fachkräften ermöglicht, ihr Augenmerk auf das jeweilige Entfaltungspotenzial jedes einzelnen Kindes zu richten, anstatt sich wie bisher auf das zu konzentrieren, was das Kind angeblich nicht hinbekommt, also auf seine Defizite. Eine solche Sichtweise hilft weder den Kindern noch den Eltern noch der Gesellschaft.

Ich bin mir bewusst, dass dies eine enorme Aufgabe und Herausforderung für Erzieherinnen und Pädagogen bedeutet. Aber die einzige Hoffnung für die Eltern besteht darin, dass sie den Erzieherinnen und Pädagogen ihr Vertrauen schenken können – hinsichtlich deren Professionalität, moralischer Integrität und Fähigkeit, nach vorn zu schauen, statt immer nur in die Defensive zu gehen.

Wenn die Erzieherinnen erst einmal so weit gekommen sind, können sie den nächsten notwendigen Schritt unternehmen und eine um vieles bessere Bezahlung für ihre enorm wichtige Arbeit einfordern.

Kinder sind alle ganz verschieden und ihre Familien sind es auch. Deswegen sollten Eltern die freie Wahl haben, wenn es um die Entscheidung geht, was für ihre Null- bis Dreijährigen Kinder das Beste ist. Dafür müssen sie kämpfen.

familylab –
die Familienwerkstatt

familylab macht gute Eltern, Lehrer, Mitarbeiter besser – familylab ist die unabhängige, internationale Organisation für Beratung und Kompetenzentwicklung in Familien, Schulen und Unternehmen. In der Familienwerkstatt sind wir Spezialisten darin, Vorträge und Seminare zu gestalten, in denen Eltern und professionelle Fachleute Anregungen und Ideen zu ihrer Arbeit finden können. Und um die bestmögliche Chemie innerhalb der Familie, zwischen Kindern und Erwachsenen wie auch in Beziehungen innerhalb von Schulen und Betrieben zu schaffen.

www.familylab.de
www.familylab.at
www.familylab.ch
www.facebook.com/familylab
www.twitter.com/family_lab
www.ddif.de
www.dfti.dk
www.jesperjuul.com

Im Beltz Verlag sind von JESPER JUUL ebenfalls erschienen:

Elterncoaching. Gelassen erziehen. Gemeinsam mit Anna-Maria Stawreberg (5. Aufl. 2012)
Frag Jesper Juul – Gespräche mit Eltern. Gemeinsam mit P. Lauritsen (1. Aufl. 2012)
Miteinander. Wie Empathie Kinder stark macht. Gemeinsam mit P. Høeg, J. Bertelsen, S. Hildebrandt, H. Jensen und M. Stubberup (3. Aufl. 2012)
Vom Gehorsam zur Verantwortung. Gemeinsam mit H. Jensen (5. Aufl. 2012)
Was Familien trägt. Werte in Erziehung und Partnerschaft. Ein Orientierungsbuch (6. Aufl. 2012)
Was gibt's heute? Gemeinsam essen macht Familie stark (5. Aufl. 2012)

Was erzieht wirklich? »Die kompetente Familie«. Ein Vortrag von Jesper Juul auf DVD. 2009
Wenn Kinder Jugendliche werden. Ein Vortrag von Jesper Juul auf DVD. 2010

IMPRESSUM

www.beltz.de

3. Auflage 2012

Lektorat: Claus Koch
Foto Jesper Juul Buchrückseite: © Vanja Vukovic
Umschlaggestaltung und Satz: Nancy Püschel
Druck und Bindung: Beltz Druckpartner GmbH & Co.KG, Hemsbach
Printed in Germany

ISBN 978-3-407-85970-9